Mi Little Golden Book sobre
HARRY STYLES

por Wendy Loggia • ilustrado por Ruth Burrows
traducción de María Correa

*La autora dedica este libro a su hijo, Will: ¡te adoro!
Y a su hija, Olivia. ¡Te amo! ¡Te amo! ¡Te amo!*

A GOLDEN BOOK • NEW YORK

Derechos del texto reservados © 2024 por Wendy Loggia
Derechos de las ilustraciones de la cubierta y del interior reservados © 2024 por Ruth Burrows
Derechos de la traducción al español reservados © 2024 por Penguin Random House LLC
Todos los derechos reservados. Publicado en Estados Unidos por Golden Books, un sello editorial de Random House Children's Books, una división de Penguin Random House LLC, 1745 Broadway, Nueva York, NY 10019. Golden Books, A Golden Book, A Little Golden Book, el colofón de la G y el distintivo lomo dorado son marcas registradas de Penguin Random House LLC. Simultáneamente publicado en inglés como *Harry Styles: A Little Golden Book Biography* por Random House Children's Books, una división de Penguin Random House LLC, Nueva York, en 2024.
rhcbooks.com
Educadores y bibliotecarios, para acceder a una variedad de recursos de enseñanza, visítenos en RHTeachersLibrarians.com
Número de control de la Biblioteca del Congreso de los Estados Unidos de América: 2023951462
ISBN 978-0-593-89969-4 (trade) — ISBN 978-0-593-89970-0 (ebook)
Traducción de María Correa
Impreso en los Estados Unidos de América
10 9 8 7 6 5 4 3 2 1

Harry Edward Styles nació en Inglaterra el 1 de febrero de 1994, hijo de Desmond Styles y Anne Twist. Su hermana mayor, Gemma, tenía tres años cuando llegó Harry.

Desde su infancia, a Harry le encantaba hacer travesuras. Su familia tenía un perro llamado Max y, a veces, ¡el pequeño Harry ponía su chupete en la boca de Max!

Harry hacía feliz a todo el mundo, y era muy divertido estar con él. También era muy buen hermano y jugaba a la escuela con Gemma. Ella era la maestra y él representaba a la clase entera. Cambiaba las voces para imitar a todos los estudiantes.

A Harry le fascinaba entretener a la gente. Su primera actuación fue en la escuela en una obra de teatro en la que interpretó a un ratón de iglesia llamado Barney. De allí pasó a cantar en una producción escolar de *José el soñador* (*Joseph and the Amazing Technicolor Dreamcoat*). La audiencia lo amó. Y quedó cautivado.

Durante su adolescencia, Harry trabajó en una panadería local. Le gustaba servir pasteles a los clientes. Pero Harry no deseaba ser panadero. Él quería ser una estrella de rock.

En la escuela secundaria, Harry y sus amigos fueron parte de una banda llamada White Eskimo, en la que él era el cantante principal. Ellos se ganaron un concurso de Batalla de Bandas. Fue muy emocionante cantar frente a tanta gente. Allí, Harry se dio cuenta de lo mucho que deseaba convertirse en un artista profesional. Y muy pronto tendría su gran oportunidad.

El 11 de abril del 2010, Harry participó en *The X Factor*, el famoso concurso de canto de la televisión británica. Cuando Harry cantó «Hey, Soul Sister», el juez Simon Cowell pensó que la música de fondo estaba desorientando a Harry. Afortunadamente, ¡había preparado dos canciones!

Entonces, Harry cantó «Isn't She Lovely». Uno de los jueces dijo que Harry no estaba aún listo para la industria de la música. Sin embargo, Simon y un tercer juez no estuvieron de acuerdo. Decidieron enviarlo a la siguiente ronda: ¡un campo de entrenamiento en el estadio Wembley de Londres!

Todos los participantes en el campo recibieron entrenamiento vocal y clases de danza. Harry estuvo muy disgustado al no pasar el reto en la categoría de jóvenes solistas. Pero luego lo llamaron a regresar al escenario con otros cuatro chicos: Niall Horan, Liam Payne, Louis Tomlinson y Zayn Malik. Los jueces de *The X Factor* les permitieron permanecer en la competencia si concursaban como grupo.

Los chicos decidieron llamarse One Direction. ¡El nombre fue idea de Harry! One Direction llegó hasta la final y quedó en tercer lugar. Después del evento, Simon Cowell les ofreció un contrato discográfico. Él sabía que podían convertirse en estrellas.

Pronto, ¡el grupo era famoso en todas partes! La banda grabó un sencillo que tuvo mucho éxito, «What Makes You Beautiful». Su álbum, *Up All Night*, fue un éxito número uno en Estados Unidos. Harry coescribió tres de las canciones.

One Direction grabó otros cuatro álbumes. La banda tuvo millones de seguidores y realizó giras alrededor del mundo. Pero, en el 2016, los chicos decidieron que era tiempo de tomar un descanso.

Continuar solo podría haber sido espantoso, pero Harry estaba entusiasmado con la idea de ser solista. Creyó en sí mismo, siguió probando cosas nuevas y se convirtió en una superestrella mundial.

Su disco *Harry's House* ganó álbum del año en los premios Grammy 2023. ¡Su concierto Love on Tour agotó la boletería en el Madison Square Garden de Nueva York durante quince noches seguidas! Para celebrarlo, una pancarta especial adornó la arena. Harry estaba muy agradecido.

Harry debutó en el cine con su papel en *Dunkirk,* donde representó a un soldado en la Segunda Guerra Mundial y, desde entonces, ha continuado actuando en películas. Aunque nunca recibió clases de actuación, descubrió su talento natural cuando, de niño, apareció en aquellas obras escolares. Harry asegura que haber sido parte de la creación de *Dunkirk* fue una experiencia increíble.

Todo el mundo quiere estar con Harry. Él es amigo de celebridades de todas las edades, incluyendo los artistas Stevie Nicks y Ed Sheeran. No solo se inspira en ellas, ¡sino que se divierte con ellas también!

Harry no le tiene miedo a ser él mismo ni a tomar riesgos. Ha sido presentador de televisión, estrella de cine, compositor de canciones, modelo, Harry lo ha hecho todo.

¿Quieres saber algo más a lo que no le teme? ¡A los tatuajes! ¡Tiene más de cincuenta! La colección incluye pájaros, una mariposa, una ancla y un barco. El primero que se hizo fue una estrella cuando cumplió dieciocho años.

La moda y el diseño de ropa siempre le han interesado. Ahora que es una gran estrella, él usa lujosos trajes personalizados, bufandas con plumajes y hermosos vestidos. Siempre ha dicho que es muy divertido jugar con la ropa. Su estilo inspira a muchos de sus seguidores, quienes suelen vestirse con fantásticos atuendos de colores llamativos en sus conciertos.

Aunque Harry es hoy uno de los personajes más famosos del mundo, él siempre se toma el tiempo para hacer que la gente se sienta especial. Una vez, tuvo problemas con su carro y fue invitado por un vecino a tomarse una taza de té mientras esperaba la grúa. Se enteró que en esa casa vivía una gran admiradora suya. Como no estaba presente, ¡Harry le dejó una tierna nota a la chica junto a una fotografía suya alimentándole sus peces!

Tratar a la gente amablemente es muy importante para Harry. Él está en contra del maltrato y del abuso, y defiende el derecho de todos los seres humanos de amar a quienes aman y de ser tratados con justicia.

A pesar de haber crecido, Harry Styles sigue siendo aquel niño al que le encantaba hacer sonreír a la gente. A través de sus canciones y con su energía positiva e inclusiva, Harry ayuda a hacer del mundo un lugar más feliz para sus millones de seguidores.